NOTICE
NÉCROLOGIQUE

SUR

M. DE FOREST DE QUARTDEVILLE,

PAIR DE FRANCE, PREMIER PRÉSIDENT DE LA COUR ROYALE DE DOUAI,
COMMANDEUR DE L'ORDRE DE LA LÉGION D'HONNEUR ;

Par le conseiller BIGANT,

CHEVALIER DE L'ORDRE DE LA LÉGION D'HONNEUR.

DOUAI,
ADAM D'AUBERS, IMPRIMEUR, RUE DES PROCUREURS, 12.
— 1852. —

Vous saurez, mon cher et excellent ami, que je ne suis revenu de Paris que la semaine   je n'ai
que   l'habi-
                                                                                                                        tu que
                                                                                                                        vous
                                                                                                                        m' de
                                                                                                                        tour
                                                                                                                        et
                                                                                                                        tant
                                                                                                                        l'ai
                                                                                                                        ne
                                                                                                                        nt.
     pers.
Ainsi, j'hésite à tous les Membres
de la Cour avant et après l'installation
Lettres officielles à répondre, Affaires
correctionnelles à examiner &.

Vous saurez, mon Cher et excellent ami,
que je ne suis revenu de Paris que la
semaine d[ern]=, de telle sorte que je n'ai
pu répondre aussi vite que je l'eusse
désiré à la Si bienveillante lettre que
vous avez bien voulu m'écrire pour
me féliciter de ma Nomination de
Président de Chambre à la Cour
de douai. Vous me pardonnerez
ce retard, n'est ce pas, d'autant
plus qu'à mon arrivée ici j'ai
eu mille choses à faire qui ne
permettaient nul retardement.
Ainsi, Visites à tous les Membres
de la Cour avant et après l'installation,
lettres officielles à répondre, Affaires
correctionnelles à examiner &.

Après cela comme d'autres bons
amis aussi de votre ville avaient
voulu ne pas m'oublier non plus
je me proposais d'aller à la fin
de cette semaine vous remercier
tous de vive voix ; mais je vois
que je ne pourrai mettre ce
projet à exécution, la semaine
prochaine au plutôt, et dès
lors je ne veux plus tarder un
instant, mon cher Ghislain
à vous envoyer l'expression
de toute ma gratitude pour
tout l'empressement que
vous avez mis à m'adresser
votre compliment sur
le bel avancement judiciaire

que je viens d'obtenir.

A bientôt et tout à vous de cœur

H. Bigant

Douai 20 9bre 1852.

NOTICE
NÉCROLOGIQUE

SUR

M. DE FOREST DE QUARTDEVILLE,

PAIR DE FRANCE, PREMIER PRÉSIDENT DE LA COUR ROYALE DE DOUAI,
COMMANDEUR DE L'ORDRE DE LA LÉGION D'HONNEUR ;

Par le conseiller BIGANT

CHEVALIER DE L'ORDRE DE LA LÉGION D'HONNEUR.

DOUAI,
ADAM D'AUBERS, IMPRIMEUR, RUE DES PROCUREURS, 12.
— 1852. —

NOTICE NÉCROLOGIQUE

SUR

M. DE FOREST DE QUARTDEVILLE,

PREMIER PRÉSIDENT DE LA COUR ROYALE DE DOUAI.

Messieurs,

Depuis quelques années, notre Académie a vu se succéder bien des jours de regrets et de deuil ; la mort s'est appesantie sur elle et a frappé indistinctement et d'une main impitoyable les plus anciens et les plus jeunes de nos collègues. Ainsi ont disparu les Taranget, les Becquet de Mégille, les Potiez-Defroom, qui, fondateurs de cette Société, ont, par leurs nombreux et importants travaux, jeté tant d'éclat sur elle ; ainsi les Pronier, les Bruneau, qui, y arrivant à peine, devaient si longtemps encore être pour nous de précieux et utiles collaborateurs. Bruneau, Messieurs, dont l'âme était

Nota. Cette notice, qui fait partie des Mémoires de la Société nationale et centrale d'agriculture, sciences et arts du département du Nord, années 1851-52, aurait dû paraître dans ceux publiés en 1841-42 ; et comme rien, malgré les circonstances qui se sont produites depuis, n'y a été changé, le lecteur voudra bien, en la lisant, se reporter au temps où elle a été écrite.

si belle, le cœur si rempli de nobles et douces pensées, les connaissances si étendues et si solides; Bruneau qui aurait été l'honneur de notre Compagnie et devant lequel s'ouvrait un si brillant avenir!... Et pourtant, Messieurs, à tous ces noms si dignes de nos justes et légitimes regrets, un autre doit s'ajouter encore, le plus illustre de tous par les dignités dont celui qui le portait était revêtu : j'ai désigné M. de Forest de Quartdeville, Pair de France, Premier Président de la Cour royale de Douai et commandeur de l'ordre de la Légion-d'Honneur.

Vous avez pensé, Messieurs, qu'à celui qu'il daigna toujours honorer d'une grande bienveillance, j'ose dire d'une affection toute particulière, appartenait le devoir de rendre dans cette enceinte un dernier hommage à sa mémoire; j'ai été touché de ce témoignage de confiance, et je vous en remercie de cœur ; mais pour vous dire une vie si belle et si laborieusement remplie, il aurait fallu une voix plus puissante que la mienne, lorsque déjà surtout, à la Cour royale de Douai un de vos collègues (1), dont la parole éloquente vous est connue; à la Chambre des Pairs un autre de vos membres honoraires (2), ont prononcé son éloge funèbre. Aussi, en de telles circonstances, dois-je, Messieurs, réclamer de vous une indulgence dont j'ai grand besoin, et que, je l'espère, vous ne me refuserez pas.

Eugène-Alexandre-Nicolas de Forest de Quartdeville naquit à Douai, le 22 juin 1762; son père était Président à mortier au Parlement de Flandre, et l'un des magistrats les plus distingués de cet illustre corps. Sa mère était Marie-Anne de Wattines, d'une des meilleures familles de la province.

(1) M. Hibon, alors Premier Avocat-Général, mort depuis Procureur-Général de la Cour royale de Grenoble.
(2) M. le Comte d'Haubersart.

Ses premières années se passèrent sous le toit paternel où il reçut les leçons, d'abord d'un sieur Saladin, ensuite du père Durand, de la Compagnie de Jésus ; mais, dès 1774, il entra au collége d'Anchin. Ses études furent brillantes, ses succès nombreux, et après avoir, en 1780, obtenu le premier prix de philosophie, il soutint sa thèse en cette matière de la manière la plus remarquable.

Son grand-père maternel, M. le Chevalier de Wattines, Député ordinaire des Etats de la Flandre-Wallonne et Lieutenant-Colonel du régiment de Bourgogne (cavalerie), avait pour son petit-fils une affection toute particulière. Militaire plein de bravoure et d'honneur, son désir le plus vif, le plus constant, était de donner à celui-ci le goût de la carrière des armes qu'il regardait comme la première de toutes, et à cet effet, dans son château de Canteleux, près Lille, où le jeune de Quartdeville allait le voir souvent, surtout pendant les vacances, il ne négligeait rien pour atteindre le but qu'il s'était proposé. Il lui avait fait faire un uniforme complet de son régiment, donné un de ses meilleurs chevaux, et chaque jour un dragon-instructeur venait lui apprendre la manœuvre. Ardent, impétueux comme on l'est à 18 ans, il était bien difficile de résister à de telles séductions, et M. de Quartdeville, s'y laissant volontiers entraîner, aurait, sans nul doute, été un brillant officier de cavalerie, si son père, descendant d'une suite non interrompue de magistrats, qui tous avaient laissé dans le Parlement de Flandre les plus honorables souvenirs, n'y avait mis obstacle, voulant que son fils suivît la carrière de ses ancêtres, et que ne fût pas brisée en lui la chaîne dont son bisaïeul avait été le premier anneau.

M. de Quartdeville continua donc ses études. En 1781 il passa sa thèse de physique, en 1782 et en 1784 celle de bachelier et de licencié en droit, et dans ces occasions il se fit encore remarquer par une intelligence, une aptitude et des lumières tout à fait supérieures.

En 1785, M. le Marquis de Beaumetz, Avocat-Général au Parlement de Flandre, ayant été nommé par le Roi son Procureur-Général près la même Cour, M. le Président de Forest s'empressa de traiter pour son fils de l'office délaissé par M. de Beaumetz. A cette époque, les charges étaient vénales, mais n'allez pas croire pourtant que l'argent seul suffisait pour les obtenir et les exercer ; non, Messieurs, il n'en était pas ainsi, et étrangers, ou fils de maîtres, c'est à dire fils des membres du Parlement, tous devaient, pour être admis, subir devant des magistrats de la Compagnie des examens sérieux et difficiles.

MM. les conseillers Delvigne pour le droit canonique, de Rantz pour la coutume, de Bergerand pour l'ordonnance criminelle, furent les magistrats désignés pour entendre M. de Quartdeville, et à toutes les questions qui lui furent adressées, il répondit d'une manière si satisfaisante et si parfaite, que la Compagnie l'accueillit avec le plus grand empressement et avec acclamation. Pour vous en convaincre, Messieurs, je veux laisser parler M. le Premier Président de Pollinchove, écrivant au Garde-des-Sceaux de France, pour obtenir en sa faveur l'agrément du Roi.

« Monseigneur,

» J'ai l'honneur de vous informer que M. Bruneau de
» Beaumetz, nommé par le Roi son Procureur-Général au
» Parlement de Flandre, vient de traiter de son office d'Avo-
» cat-Général avec M. de Forest, doyen des Présidents à
» Mortier, pour M. son fils, dont déjà je vous ai fait con-
» naître le désir d'entrer dans la Compagnie et les heureu-
» ses dispositions pour bien remplir les fonctions de la ma-
» gistrature. M. de Beaumetz ne peut être mieux remplacé

» que par un sujet d'une aussi grande espérance et aussi
» convenable à tous égards. Comme ce dernier, Monseigneur,
» M. de Forest fils est d'ancienne famille de la Compagnie ;
» M. son bisaïeul y a exercé un office de Conseiller, depuis
» le 22 février 1697 jusqu'en 1731, époque où son fils, ma-
» gistrat laborieux, lui succéda, lequel, après l'avoir rempli
» jusqu'en 1751, fut pourvu d'un office de Président à Mor-
» tier, dont il exerça les fonctions pendant 20 années, après
» quoi il les résigna en faveur de M. le Président de Forest
» actuel. A tous autres égards, Monseigneur, M. de Forest
» fils n'est pas moins digne de votre agrément ; formé à la
» vertu et à l'application par les exemples et les soins d'un
» père d'un grand mérite, doué d'un caractère doux, d'une
» maturité d'esprit au-dessus de son âge, ayant fait de bon-
» nes études de droit, précédées de celles d'humanités et de
» philosophie, parcourues avec beaucoup de succès ; ayant
» également du goût pour toutes les connaissances, il rem-
» plira dignement la charge d'Avocat-Général et deviendra
» un grand magistrat (1). »

Le Ministre, Messieurs, fit droit à une recommandation si vive et si pressante, et le 8 juin 1785 M. de Quartdeville fut nommé Chevalier, Conseiller du Roi en tous ses conseils et son Avocat-Général près le Parlement de Flandre. Sa réception eut lieu le 4 juillet. Il siégea pour la première fois le 7 août suivant, et, dans un discours plein de sagesse et de convenance, sut tout d'abord se concilier les cœurs et les sympathies de la Cour.

M. de Quartdeville avait alors 23 ans. Il se livra avec ardeur, avec conscience, à l'exercice de ses nouvelles fonctions, et voici ce qu'en disait de nouveau M. le Premier Président de Pollinchove, dans un rapport confidentiel qu'il

(1) Archives particulières des Premiers Présidents du Parlement de Flandre. *(Notre cabinet.)*

adressait au mois de septembre 1787 au Garde-des-Sceaux de France, sur la capacité et la fortune de tous les membres de la Compagnie.

« M. de Forest de Quartdeville, Avocat-Général depuis le
» mois de juin 1785, est fils de M. le Président de Forest.
» C'est un sujet d'une grande expectation ; il réunit à l'es-
» prit la sagesse et la gravité d'un magistrat, et quoique
» jeune le goût de l'application. Il remplit à la grande sa-
» tisfaction du public et de la Compagnie ses fonctions
» actuelles et promet un jour d'être un bon Président (1). »

M. de Pollinchove avait bien jugé, Messieurs, nous le verrons plus tard.

La révolution arriva ; en 1790, le Parlement de Flandre, comme tous les grands corps judiciaires de France, fut supprimé, et M. de Quartdeville, ayant cessé ses fonctions d'Avocat-Général, rentra dans la vie privée.

Fort de sa conscience et de ses bonnes intentions, il ne crut pas devoir aller chercher un refuge en pays étranger, et pendant trois ans on le vit, soit à Douai, soit à Lewarde, où était le château de son père, faire constamment son service dans la garde nationale comme simple grenadier, et donner ainsi et dans toutes autres occasions l'exemple de l'obéissance aux lois de son pays.

Mais en 1793, après la mort de l'infortuné Louis XVI, apparut la loi des suspects. Noble, riche, considéré, elle devait nécessairement le frapper, et il fut d'abord incarcéré à Douai, puis conduit dans les prisons de Compiègne, d'où il ne sortit qu'après le 10 thermidor.

Mais la liberté que recouvrait M. de Quartdeville n'était qu'une liberté restreinte : l'entrée des places fortes lui était

---

(1) Archives particulières des Premiers Présidents du Parlement de Flandre. *(Notre cabinet.)*

interdite, et ne pouvant dès-lors venir habiter sa ville natale, il s'en rapprocha le plus possible et alla se fixer avec sa jeune épouse, qui avait partagé sa captivité et ses douleurs, dans une modeste maison de campagne des environs. Enfin, ce dernier exil ayant été aussi levé, il lui fut permis de rentrer avec sa famille dans son hôtel si longtemps privé de la présence de ses maîtres.

C'était à la fin de 1795 ; alors la terreur avait cessé, on commençait à respirer, et les honnêtes gens, si longtemps opprimés dans notre malheureux pays sous le joug sanglant de Maximilien Robespierre et de Joseph Lebon, pouvaient relever la tête et espérer des jours meilleurs. On comprend cependant sans peine que M. de Forest, après de si pénibles et si rudes épreuves que celles qu'il venait de subir, se produisît peu et désirât vivre ignoré. Mais ses concitoyens, qui savaient toute sa valeur et les services qu'il pouvait rendre, ne permirent point qu'il en fût longtemps ainsi, et dès le 26 frimaire an V (16 décembre 1796), le conseil-général de la commune le nomma administrateur des Hospices, charge dans laquelle le confirma le pouvoir exécutif, lorsque celui-ci prit plus tard la place des communes. Le 27 floréal an IX (17 mars 1800), M. de Forest fut élu membre de ce même conseil général, et en 1803, le 22 juillet, une délibération de ce corps le désigna pour faire partie de la députation envoyée près du gouvernement alors à Bruxelles, à effet de solliciter la conservation de la préfecture à Douai, qui, à cette époque, était le chef-lieu du département du Nord et possédait dans son sein toutes les grandes administrations. Malheureusement pour la ville, cette démarche ne fut pas couronnée de succès. Dans ces diverses fonctions, M. de Forest fit preuve de tant de capacité, montra une si parfaite connaissance des affaires, que le gouvernement s'empressa, par décret du 21 juillet 1804, de le nommer Maire de la ville de Douai. Son installation eut lieu le 13 août suivant.

C'est maintenant, Messieurs, que nous allons voir M. de Forest déployer tout le zèle, toute l'activité dont il est capable pour faire sortir de leurs ruines les institutions amoindries ou emportées par le torrent révolutionnaire, en créer de nouvelles et n'oublier rien de ce qui peut être fait dans l'intérêt de toutes les classes de la cité.

Tout d'abord il rétablit les écoles des pauvres dans chaque canton des justices-de-paix, et plus tard charge de l'enseignement gratuit des jeunes filles, les Sœurs de la Providence. Il visite lui-même les habitations de la classe ouvrière et indigente, fait fermer celles qui étaient insalubres, assainir et réparer celles qui sans danger peuvent servir encore ; tous les établissements de charité sont aussi l'objet de sa constante sollicitude, et il est dans cette tâche honorable secondé avec ardeur par son frère M. de Forest de Lewarde, dont le nom est aujourd'hui, comme il le sera toujours, vénéré et béni par tous les malheureux.

Puis jetant les yeux sur nos écoles académiques gratuites, il redonne la vie à celles qui, encore debout, languissaient près de s'éteindre, rétablit en 1806 celle d'architecture fermée depuis longtemps, crée en 1808 celle de musique, fait pour toutes les plus sages règlements et donne ainsi à toutes les intelligences que la fortune n'a pas favorisées, les moyens de se produire et de s'élever ; écoles qui depuis, grandissant toujours, ont, sous les habiles professeurs placés à leur tête, produit Bra et Fache pour la statuaire, Robaut et Mortreux pour le dessin, Willent et Herman pour la musique, et tant d'autres placés au second rang, qui tous paient aujourd'hui en honneur et en gloire à leur ville natale, les sacrifices que celle-ci s'est imposés pour eux.

La bibliothèque publique attire en même temps toute son

attention : rien n'est décrit, rien n'est inventorié ; les ouvrages les plus importants et de la plus grande valeur peuvent être impunément détournés; et d'ailleurs, il le sait, on est peu éloigné du temps où le vélin des plus précieux manuscrits servait à faire des cartouches et à couvrir les planches mal assemblées des caissons d'artillerie; où l'autorité inintelligente faisait vendre au hasard les ouvrages les plus rares, dépouilles des riches bibliothèques de tous les monastères du pays, et parmi eux, Messieurs, vous le croirez à peine, le livre d'heures dont Marie Stuart, cette Reine infortunée, se servait pendant sa longue captivité au château de Fontheringaye, relique sainte qu'un sujet fidèle, avait, lors des guerres de religion en Angleterre, apportée aux Ecossais de Douai (1); où, enfin, le gardien de la bibliothèque lui-même allait couper dans les manuscrits des XIVe et XVe siècles, échappés à nos vandales modernes, les miniatures les plus admirables du monde pour les donner en jouets à ses enfants. Aussi pour un mal si grave un prompt remède est nécessaire, et M. de Forest obtient du préfet, le 28 octobre 1804, un arrêté qui autorise le conseil municipal à faire procéder à la formation du catalogue des livres de la bibliothèque, travail terminé en 1807, mais qui ne fut imprimé qu'en 1820.

Le Musée se trouvait aussi dans le plus grand désordre :

---

(1) Ce livre d'heures, confondu avec d'autres volumes formant un seul lot, fut acheté par un épicier qui en fit présent à un sieur Tronville, professeur à l'académie de musique de Douai. Celui-ci, artiste distingué, ayant été appelé plus tard à Cambrai comme Maître de chapelle de la Cathédrale, le chanoine Servois eut l'occasion de voir ce livre d'heures, en reconnut aussitôt la précieuse origine, et en fit part à l'Evêque, Mgr. Belmas, amateur passionné des choses rares et curieuses. Le Prélat en fit l'acquisition, et lorsqu'en 1827 le Roi Charles X, se rendant au camp de Saint-Omer, s'arrêta à Cambrai et logea à l'évêché, il l'offrit à S. M., qui l'accepta et le fit placer dans sa bibliothèque particulière des Tuileries.

tableaux, médailles, objets d'art, d'archéologie et d'histoire naturelle étaient épars et confondus. MM. Potiez-Defroom, Reytier et Louis Duquesne furent chargés de classer toutes ces richesses abandonnées, de les mettre en place et d'en faire le catalogue qui parut en juillet 1807. Dans cette tâche laborieuse et pénible, M. de Forest ne leur fit pas défaut; aussi, dans l'avertissement placé en tête du volume, lui témoignent-ils toute leur gratitude pour les soins constants qu'il donne à toutes les parties de son administration; et lorsqu'en 1810, ces mêmes commissaires lui envoient un premier supplément du catalogue dont nous venons de parler, ils lui expriment de nouveau toute leur reconnaissance dans une lettre qui se termine ainsi :

............» Nous ne pouvons, M. le Maire, nous dispen-
» ser de vous témoigner nos remercîments des secours de
» toute espèce que vous nous avez donnés pour mener à fin
» notre travail. Nous nous efforcerons de continuer à rem-
» plir vos vues, en rendant chaque année plus intéressant
» l'établissement formé sous vos auspices et destiné à deve-
» nir l'un des plus importants que renferme la ville (1).

M. de Forest ne s'arrête pas là. En 1805, il institue la compagnie des sapeurs-pompiers. Plus tard, il fait niveler et paver les rues négligées jusqu'alors et qui pourtant étaient des voies indispensables de communication; c'est encore sous son administration que les premiers trottoirs apparaissent; il ordonne enfin une foule d'autres travaux utiles, d'autres améliorations importantes, qui doivent pour tous produire la sécurité et le bien-être matériel.

Le commerce, Messieurs, vous le comprenez sans peine, devait nécessairement aussi être l'objet de sa vive préoccu-

---

(1) Archives particulières de la famille de Forest de Quartdeville. *(Cabinet de M. Eugène de la Phalecque, son petit-fils, à Lille).*

pation, et il n'épargne rien pour lui donner la prospérité et la vie. Dans ce but, il crée des expositions de peinture et d'objets d'art, des concours de musique où sont appelées toutes les villes voisines, et ces nouveautés attirent dans la cité un nombre prodigieux d'étrangers qui y font des dépenses considérables. C'est toujours dans ce même but que pendant la saison d'hiver il donne des fêtes brillantes ; et si, à une autre époque de l'année, il apprend que ce commerce qu'il veut toujours protéger et secourir, éprouve, par quelque circonstance malheureuse du temps, la gêne et la souffrance, aussitôt, pour les alléger, ses salons s'ouvrent de nouveau, et faisant le plus noble usage de sa grande fortune, il offre à ses concitoyens d'autres fêtes qui se succèdent dans son hôtel plus belles et plus nombreuses encore.

Nous venons de parcourir, Messieurs, la carrière de M. de Forest depuis sa naissance jusqu'en 1811, époque à laquelle il va quitter la direction des affaires de la ville pour rentrer dans la magistrature. Je dois dire encore les fonctions politiques que pendant cet espace de temps il fut appelé à remplir.

Le 1er septembre 1804, nommé Président du collége électoral de l'arrondissement de Douai, il l'était encore en 1809; c'est comme tel qu'il dirigea plusieurs élections et notamment celle du 25 avril 1805, qui le nomma candidat au Corps législatif ; et lorsque Bonaparte, qui avait vaincu la révolution sans l'avoir alors entièrement soumise, crut cependant pouvoir placer sur sa tête la couronne de Clovis, de Charlemagne et de Hugues Capet, prendre le titre d'Empereur et se faire sacrer dans la cathédrale de Paris par le Pape lui-même, c'est en cette qualité de Président du Collége électoral de Douai qu'il assista à cette imposante cérémonie.

Nous sommes, Messieurs, arrivés, comme je le disais tout à l'heure, à l'année 1811. Napoléon, dont je viens de parler, était à l'apogée de la puissance et de la gloire ; à la tête d'armées constamment victorieuses, il avait dicté ses volontés à presque tous les souverains de l'Europe, au titre d'Empereur ajouté celui de Roi et épousé la fille des Césars, Marie-Louise d'Autriche. Dès longtemps la République avait vécu, et sur ses tristes débris reparaissaient chaque jour les institutions des vieilles monarchies. Après avoir créé des ordres de chevalerie et rétabli les titres de noblesse héréditaire, Napoléon voulut aussi faire revivre les anciens Parlements sous le nom de Cours Impériales, et pour que chacun sût bien que telle était sa volonté, il y fit entrer tous les membres des parlements qui à cette époque existaient encore, et ordonna par le décret d'institution que ceux qui en feraient partie prendraient le titre de *Conseillers de Sa Majesté*, qualification remplaçant celle ancienne de Conseillers du Roi.

M. de Forest fut donc, le premier entre tous ses collègues du Parlement de Flandre, nommé Conseiller à la Cour Impériale de Douai installée le 22 avril 1811, avec la plus grande pompe, par le Comte Merlin, Conseiller d'Etat à vie, Membre de l'Institut et Procureur-Général près la Cour de Cassation.

Rendu à des fonctions qu'il aimait, M. de Forest s'y fit bientôt remarquer par toutes les qualités éminentes qui le distinguaient à un si haut degré au Parlement de Flandre, et dès le 24 juillet 1813, il était nommé Président de Chambre et allait s'asseoir sur le même siège que son père et son aïeul avaient si longtemps et si dignement occupé.

Il y a un instant, Messieurs, je vous disais la puissance si grande de Napoléon; deux années se sont à peine écoulées, pleines de revers et de malheurs... Nous faisons un pas encore, 1814 commence et nous voyons la France envahie par toutes les puissances de l'Europe, Paris occupé par leurs armées, l'Empereur exilé à l'île d'Elbe et le trône de France rendu à la descendance légitime de ses anciens Rois en la personne de Louis XVIII. Vous connaissez, Messieurs, les événements qui suivirent en 1815 : le Roi quittant Paris et allant chercher un asile dans les Pays-Bas ; l'Empereur Napoléon débarquant à Cannes, traversant la France aux acclamations de toutes les troupes qu'il rencontre et arrivant à Paris au milieu des vieux soldats de sa garde, ses compagnons fidèles et dévoués, ses trois mois de règne terminés par le désastre de Waterloo, son nouvel exil à Ste-Hélène, enfin le second retour de Louis XVIII dans sa Capitale.

Pendant cette courte période de temps où des événements si graves, si nombreux, si imprévus s'étaient accomplis, M. de Forest de Quartdeville resta ce qu'il avait toujours été, l'homme aimant son pays et le servant de toutes les forces de son âme. Il avait revu avec joie, avec bonheur, la royauté des Bourbons, accompagnée qu'elle était d'une Charte constitutionnelle qui nous donnait une sage liberté et qu'il pensait devoir être pour tous un pacte d'oubli et de confiance. Hélas ! il n'en fut pas ainsi ; mais toujours digne, toujours calme, il demeura étranger aux passions politiques et fougueuses qui s'agitaient autour de lui, et sa conduite en ces temps difficiles fut si admirable, qu'il sut conquérir davantage encore l'amour et l'estime de ses concitoyens, qui, voulant lui en donner un éclatant témoignage, le nommèrent, le 25 août 1815, député de l'arrondissement de Douai.

Louis XVIII pendant la première restauration, Napoléon pendant les Cent-Jours, avaient conservé intact le personnel de la Cour de Douai ; mais lors du second retour du Roi, le gouvernement d'alors crut nécessaire à la stabilité du trône de réorganiser toutes les administrations et d'en éloigner les fonctionnaires, les chefs surtout, qui avaient fait acte d'adhésion à l'Empire ou montré trop ouvertement peut-être que de ce côté étaient leurs véritables sympathies. Le 26 avril 1816, la Cour royale de Douai reçut une institution nouvelle, et M. de Forest de Quartdeville en fut nommé le Premier Président. Cette éminente dignité, il ne la sollicita point, il n'eût voulu la solliciter, et le jour de son installation, quand il se trouva avec un légitime orgueil à la tête de la Compagnie, son émotion fut grande, son chagrin profond de n'y plus rencontrer les de Warenghien de Flory (1), les Bruneau de Beaumetz (2), les Maloteau de Guerne (3), les Taffin de Sorel (4), ses anciens collègues, qui déjà l'étaient au Parlement de Flandre et avec lesquels il était lié par la plus étroite amitié. Ces magistrats les plus considérés par leur profond savoir, leur haute position sociale et leur grande fortune, appartenant d'ailleurs aux plus anciennes familles du pays, n'avaient point été compris dans la réorganisation de la Cour : leur crime était d'avoir assisté à la cérémonie du Champ de Mai.

Je vous ai fait connaître, Messieurs, qu'après le second retour du Roi, M. de Forest de Quardeville avait été en 1815 nommé membre de la Chambre des Députés; en 1816 et en 1818, de nouvelles élections eurent lieu qui lui continuèrent son mandat, et si en 1823 il ne fut pas réélu (5), c'est qu'ami dévoué du Roi et de la Charte qu'il ne sépara jamais dans son cœur, parce que sa grande sagacité lui montrait

---

(1) Premier Président de la Cour, ancien Conseiller au Parlement de Flandre.

(2) Procureur-Général à la Cour, ancien Procureur-Général au Parlement de Flandre.

(3) Président de Chambre à la Cour, ancien Président à mortier au Parlement de Flandre.

(4) Président de Chambre à la Cour, ancien Conseiller au Parlement de Flandre.

(5) Le Ministère d'alors combattit, par tous les moyens que donne le pouvoir, la candidature de M. le Premier Président de Forest de Quartdeville, à qui cependant pour être nommé il ne manqua que quelques voix.

que l'un ne pouvait vivre sans l'autre, il ne s'était, pendant ces trois législatures successives, écarté un seul instant de cet esprit de sagesse et de modération qui était en lui et que toujours il avait fait partie de cette minorité courageuse, laquelle, dans la session de 1815 surtout, s'opposa à ces lois sans pitié, à ces réactions inutiles, qui, en aliénant au souverain l'amour d'une partie de ses sujets, amenèrent si vite la mort d'un fils de France, frappé par le poignard d'un lâche assassin, et quelques années plus tard la chûte du trône lui-même.

Pendant tout le temps qu'il eut à exercer ses fonctions législatives, M. de Forest de Quartdeville n'avait pu que quelques mois, chaque année, présider la Cour dont il était le chef, et c'était pour lui, encore qu'il fût heureux et fier de représenter ses concitoyens, un grand souci et un vif regret.

Mais revenu au milieu de ses collègues, pour, pensait-il alors, ne les plus quitter, il se consacra tout entier aux devoirs de sa charge, et sut les remplir, comme déjà le disait en 1787 M. le Premier Président de Pollinchove, à la grande satisfaction du public et de la Compagnie.

Personne, en effet, Messieurs, ne réunissait plus que M. de Forest de Quartdeville toutes les qualités qui doivent distinguer le magistrat placé à la tête d'une Cour souveraine.

La noblesse de ses traits, la distinction de ses manières, la dignité de son maintien, commandaient tout d'abord la vénération et le respect.

D'une grande sévérité pour tout ce qui touchait à l'honneur de la Compagnie et aux règles de la discipline, auxquelles, d'ailleurs, il se soumettait lui-même avec la plus scrupuleuse exactitude, il était plein d'affection et de déférence pour ses collègues, de bonté et d'égards pour le barreau, d'indulgence et de sympathie pour les jeunes talents qui se produisaient devant la Cour, et pour lesquels il n'avait que des paroles bienveillantes et flatteuses.

Inaccessible à toute influence étrangère, exempt de toute passion, il n'était guidé que par un seul désir, celui de rendre à tous indistinctement bonne et équitable justice. Aussi, avec quelle religieuse attention il écoutait, à l'audience, les plaidoiries même les plus longues; dans la chambre du conseil, la discussion qui s'établissait entre ses collègues; il y prenait part souvent, et s'y faisait remarquer toujours par la lucidité de ses paroles et la sûreté de son jugement. Quelquefois il soutenait son opinion avec une certaine vivacité, non qu'il cherchât à l'imposer, il était sans orgueil et sans vanité, mais parce que, selon sa conscience, c'était celle qui devait nécessairement triompher. De même aussi, si la discussion lui montrait qu'il s'était trompé, il se rangeait à l'avis qui d'abord était contraire au sien.

Cet esprit de justice et d'équité qui dirigeait M. le Premier Président de Forest de Quartdeville dans les affaires soumises à l'appréciation de la Cour, on le retrouvait dans toutes ses présentations au Ministre pour les différentes places vacantes dans la magistrature du ressort. A ses yeux, le mérite était tout, et la faveur rien. Vous allez en être convaincus, Messieurs, par la lettre qu'il adressait, en 1821, au Président de Chambre qui le remplaçait, pendant qu'il était retenu à Paris par ses fonctions législatives. Après avoir indiqué les noms de quelques candidats sur la capacité desquels il s'explique, cette lettre se termine ainsi :

« Vous ne doutez point qu'il n'y ait ici une foule de jeu-
» nes licenciés très-instruits qui encombrent toutes les ave-
» nues du ministère pour obtenir d'être admis dans la car-
» rière de la magistrature. Cette ambition est louable; c'est
» à l'autorité supérieure qu'il appartient de la bien diriger
» *et de prendre les précautions nécessaires pour ne pas accor-*

» der à l'intrigue ce qui n'est dû qu'au vrai mérite. Un des
» meilleurs moyens d'obtenir cet heureux résultat, c'est
» sans doute d'exiger que les candidats soient présentés avec
» les renseignements les plus détaillés par les Premiers Pré-
» sidents et les Procureurs-Généraux (1). »

Tel était comme magistrat M. de Forest de Quartdeville. Aussi s'était-il acquis l'attachement sincère, profond, dévoué, de tous ses collègues, qui ne laissèrent jamais échapper l'occasion de lui en donner d'incontestables preuves. Je n'en citerai qu'une seule. S. A. R. Mgr. le Duc d'Angoulême, étant venu visiter les différentes places fortes du département du Nord, arriva à Douai au commencement de décembre 1818. A cette époque, et après tant de services rendus dans l'administration et dans la magistrature, étant alors Premier Président et Député, M. de Forest de Quartdeville n'était pas encore décoré. Il ne faut pas s'en étonner pourtant : sa modestie ne savait faire valoir que les droits et le mérite des autres. Mais la Compagnie qui l'avait pour chef s'était dès longtemps émue de cet oubli sans doute involontaire, et après avoir offert au Prince l'assurance de son respect et de sa fidélité, elle le supplia de vouloir bien recevoir la demande signée de tous les membres de la Cour, réclamant pour M. de Forest de Quartdeville la croix de Chevalier de la Légion-d'Honneur.

S. A. R., profondément touchée d'une démarche qui honorait à la fois ceux qui la faisaient, et celui qui en était l'objet, promit de l'appuyer auprès du Roi, son oncle, et grâce au Prince, religieux observateur de la parole donnée, elle fut couronnée d'un prompt et légitime succès. Dix années plus tard, à la fin de 1828, sur la présentation de M. le Comte Portalis, Garde-des-Sceaux, Ministre de la Justice,

(1) Minute de la lettre de M. le Premier Président. (*Notre cabinet.*)

il devint Officier du même Ordre, et, en janvier 1836, le cordon de Commandeur lui fut envoyé ; cette dernière récompense, d'autant plus grande et d'autant plus flatteuse qu'il était le seul alors de tous les Premiers Présidents des Cours royales de France, Paris excepté, à qui une aussi haute distinction eût été accordée ; et cependant, Messieurs, lorsque le Roi fut instruit plus particulièrement des grands services rendus par M. de Forest de Quartdeville pendant 50 années, dans les différentes fonctions qu'il avait exercées, de sa noble conduite, de sa courageuse indépendance comme Député ; lorsqu'il apprit qu'à ces titres, par eux seuls déjà si puissants, il réunissait la naissance et la fortune, que son état de maison était considérable et sa bourse toujours ouverte aux malheureux ; lorsqu'il sut enfin que personne ne possédait plus que lui l'estime publique et l'amour de ses concitoyens, le Roi, dis-je, pensa que M. de Forest de Quartdeville méritait mieux encore, et le 3 octobre 1837, il l'éleva à la première dignité du royaume, celle de Pair de France.

M. de Forest de Quartdeville ne rechercha aucune de ces faveurs, toutes si justement acquises ; et comme le disait M. le Comte d'Haubersart dans une autre enceinte, elles vinrent le trouver sur son siège, et pour les obtenir, il n'eut d'autres protecteurs que son mérite, le vœu unanime de ses collègues et la voix du pays tout entier.

Jusqu'à présent, Messieurs, je ne vous ai point encore parlé de M. de Forest de Quartdeville comme membre de notre Académie, lorsque c'est à ce titre seul que je dois de pouvoir vous dire quelle a été sa vie. N'allez pas croire pourtant qu'il n'ait rien fait pour elle. Admis dans son sein le 30 mars 1801, et nommé d'abord Vice-Président en 1805, puis Président en 1807, les procès-verbaux de cette époque font foi de la part très-active qu'il prit alors à ses travaux et de toute sa sollicitude pour la faire prospérer et grandir. Je rappellerai seulement ici que c'est sur ses indications que vos jardins ont été dessinés et tracés, et par ses soins qu'ils se sont couverts d'arbustes rares et de plantes recherchées ; que c'est aussi grâce à son initiative, comme Maire de la ville, que vos deux premières serres ont été construites, et que vos bâtiments qui n'étaient alors que des ruines, sont sortis de leurs décombres.

Au reste, Messieurs, vous apprécierez tout-à-fait M. de Forest de Quartdeville, comme membre de cette Société, par ce qu'en disait M. Lagarde père, secrétaire-général, en terminant le compte-rendu de vos travaux pendant les années 1810 et 1811 :

« …….La Société remplit donc le plus doux des devoirs, » lorsque, dans le sentiment d'équité qui la guide, elle si- » gnale à la reconnaissance publique le nom de M. de Forest. »

Nommé membre honoraire le 3 février 1823, en raison de ses fonctions de Premier Président, M. de Forest de Quartdeville conserva ce titre jusqu'en 1839, époque de sa mort; et dans ces derniers temps, s'il ne put assister souvent à vos réunions, il n'en tenait pas moins à honneur d'être toujours compté au nombre de vos collègues, et était heureux de voir la place élevée que, grâce aux connaissances si étendues et si variées des membres qui la composent, votre Académie occupe dans le monde savant.

Avant de terminer, quelques mots encore sur la vie privée de M. de Forest de Quartdeville ; il avait épousé en 1788 la fille du Comte de La Granville, d'une ancienne et riche famille de Bretagne, qui un siècle auparavant était venue s'établir à Lille. Jeune, elle joignait aux qualités de l'esprit et du cœur un caractère charmant, une bonté parfaite ; aussi combien était grand le bonheur d'une union que Dieu avait surtout bénie par la naissance de plusieurs enfants, et que pouvait seule troubler la venue des hideux excès de 93. Je vous l'ai déjà dit, Messieurs, tous deux alors furent jetés en prison, et vous comprenez le désespoir profond de M. de Quartdeville, en voyant sa jeune compagne partager sa dure et pesante captivité. Mais elle, séparée de ses enfants, la mort dans le cœur et voulant cependant éloigner de l'esprit de son époux les tristes pensées qui s'y pressaient sans cesse, semblait supporter son sort avec tranquillité et résignation. Les femmes ont tant de courage pour souffrir, et surtout pour cacher leurs douleurs ! Mais lorsque les portes de la prison se furent ouvertes pour eux, Mme de Quartdeville n'ayant plus à craindre chaque jour pour la vie si longtemps menacée de celui à qui elle s'était unie, ni à se montrer courageuse et résignée, laissa apercevoir bientôt les symptômes d'un mal profond, triste conséquence des émotions terribles qu'elle avait subies pendant sa longue détention. Sa santé s'altéra de plus en plus, et après quelques années, ses forces étant totalement épuisées, elle succomba le 16 avril 1801.

Cette mort plongea M. de Forest de Quartdeville dans une affliction profonde, et quoique jeune encore, certain de ne pouvoir retrouver jamais dans un nouvel hymen le bonheur qu'il avait perdu, il se consacra tout entier à l'éducation de ses filles et de sa nièce, Mlle de Francqueville, restée orpheline dès son enfance, et qu'il confondit toujours dans sa tendresse et ses soins (1).

Une constitution robuste, une vie sage et réglée procurèrent long-temps à M. de Forest de Quartdeville une santé à l'abri de toute atteinte ; mais en 1839 arriva au plus haut degré d'intensité, une maladie terrible dont il avait quelques années auparavant éprouvé les premières atteintes. Il fallut alors lui faire subir l'opération cruelle et plusieurs fois ré-

(1) Aujourd'hui Mme la Comtesse de Francqueville de Bourlon.

— 23 —

pétée de la lithotritie, et après quelques mois d'horribles souffrances qu'il supportait avec une admirable patience et un héroïque courage, sentant sa fin approcher, et voulant mourir en chrétien comme il avait vécu, il réclama les secours de notre sainte et consolante religion; et c'est en présence de ses enfants et petits-enfants, qu'il aimait tant et dont il était tant aimé, tous agenouillés près de son lit de douleur et confondant leurs sanglots, que le digne curé de St-Sulpice lui administra les derniers sacrements, qu'il reçut avec une piété sincère et une foi sans bornes.

M. de Forest de Quartdeville mourut à Paris le 16 août 1839, à l'âge de 77 ans. Avec lui s'est éteint un nom, l'honneur de la magistrature pendant près de deux siècles, un des membres de ces anciennes familles parlementaires où la science, la dignité et le respect de soi-même étaient héréditaires, et aussi un des derniers débris de ces grands corps judiciaires, la gloire de la France, qui savaient résister aux Rois pour défendre les priviléges des provinces et sauvegarder les libertés publiques.

La mort de M. de Forest de Quartdeville fut un deuil général pour la Cour royale où il ne comptait que des amis, et pour la ville de Douai où chacun le vénérait. Aussi, regretté de tous, puis-je dire avec assurance et vérité que sa personne et son nom ne s'effaceront jamais de la mémoire ni du cœur de ceux qui l'ont connu.

Douai.—ADAM D'AUBERS, imprimeur de la Société.

www.ingramcontent.com/pod-product-compliance
Lightning Source LLC
Chambersburg PA
CBHW060914050426
42453CB00010B/1713